Raimund Eich

Das Glück hat seinen Preis

AF176544

Raimund Eich, Jahrgang 1950, lebt im Saarland.

Neben zwei Tatsachenromanen und Büchern mit heiteren und besinnlichen Gedichten und Geschichten hat er einige Werke veröffentlicht, in denen er sich insbesondere mit gesellschaftlichen und geisteswissenschaftlichen Themen befasst. Hierin lässt er auch naturwissenschaftliche und technische Aspekte in sehr anschaulicher Form mit einfließen. Daraus resultieren einzigartige Bücher, spannend, dramatisch, informativ und unterhaltsam zugleich.

Raimund Eich

Das Glück hat seinen Preis

ein kleiner Ratgeber
mit spirituellem Hintergrund

Impressum:

Bibliografische Information der Deutschen
Nationalbibliothek:
Die Deutsche Nationalbibliothek verzeichnet
diese Publikation in der Deutschen Natio-
nalbibliografie; detaillierte bibliografische
Daten sind im Internet über
http://dnb.dnb.de abrufbar.

Herstellung und Verlag:
BoD – Books on Demand, Norderstedt
ISBN: 9783752666892

INHALTSVERZEICHNIS

VORWORT

Zum Thema Glück fallen mir spontan zwei Helden aus meiner Kindheit an. Der eine heißt Gustav Gans und war in meinen Augen der Glückspilz Nummer Eins, dem das Glück in allen Lebenslagen förmlich vor die Gänsefüße fiel. Besagter Gustav Gans war ein Vetter von Donald Duck. Ein notorischer Faulpelz, dem, ganz im Gegensatz zum oft leidgeplagten und pechverfolgten Donald, bei allen möglichen Wettbewerben stets der Hauptgewinn in Form von Reisen oder Geld winkte und dem das permanente Auffinden wertvoller Gegenstände und das Einstreichen von Finderlohn das Glück förmlich im Überfluss bescherte. So wurde er jedenfalls immer in den damals heiß geliebten Micky Maus Heften dargestellt.

Ein ganz anderes Kaliber war dagegen der Hans im Glück, eine Märchenfigur der Gebrüder Grimm, der als Lohn für sieben Jahre harter Arbeit bekanntlich einen Klumpen Gold erhielt. Der einfältige Geselle begegnete auf seiner Wanderschaft nach Hause immer wieder (hinter)listigen Mitmenschen, die ihn zu höchst unredlichen Tauschgeschäften zu ihren Gunsten verleiteten. So tauschte er das schwere Gold gegen ein Pferd, um sich nicht weiter mühsam zu Fuß abschleppen zu müssen. Doch als das Pferd ihn abwarf, tauschte er es gegen eine Kuh ein in der Hoffnung auf Milch, Butter und Käse, wann auch immer es ihm beliebt. Doch als er die Kuh unterwegs melken wollte, weil er Durst hatte, kam kein Tropfen Milch heraus. Um die hinlänglich bekannte Geschichte abzukürzen: Nach und nach tauschte er die Kuh gegen ein Schwein und das Schwein gegen eine Gans ein. Die Gans wiederum diente ihm als Tauschobjekt gegen einen Schleifstein und einen Feldstein. Dank seiner Einfalt hatte er bei jedem Tausch das untrügliche Empfinden, vom Glück noch ein bisschen mehr bevorzugt zu werden. Als ihm zum Schluss noch die beiden schweren Steine in einen Brunnen fielen, konnte er sein Glück kaum fassen, weil er endlich vom Tragen dieser schweren Last befreit war.

Stellt sich natürlich die Frage, wer von den beiden letztlich der Glücklichere war. Bei mir als jungem Menschen hätte ohne Frage Gustav Gans das Rennen gemacht.

Doch heute bin ich völlig anderer Ansicht und fest davon überzeugt, dass es tatsächlich der Hans im Glück ist, weil der offenbar „das wahre Glück" gefunden hat. Und was ich unter dem wahren Glück verstehe, das möchte ich Ihnen in diesem kleinen Ratgeber gerne etwas näher bringen.

KATZENGOLD

Wie man schnell und leicht glücklich werden kann, wird uns jeden Tag zigfach in allen Medien sehr beeindruckend vor Augen geführt. Wir müssen uns nur für das neue Traumauto, das supergünstige Traumhaus oder die Traumfrau-Vermittlungsagentur entscheiden. Mit der spottbilligen Versicherung sehen wir allen Schäden künftig mit glückseliger Gelassenheit entgegen. Der phantastische XXL-Monitor mit brillanter Auflösung und das fast geschenkte Smartphone mit Rund um die Uhr-Funktionen machen uns zum Glückspilz schlechthin. Nicht zu vergessen den einzigartigen Hyper-Staubsauger, mit dem die ehemals ungeliebte Hausarbeit zum puren Vergnügen ausartet.

Man könnte diese Liste endlos lange fortsetzen, aber machen uns diese schier unzähligen „Glücksbringer" tatsächlich glücklich? Allenfalls kurzzeitig, bis wir das heiß ersehnte Objekt der Begierde endlich unser eigen nennen können. Doch schon nach relativ kurzer Zeit werden wir in aller Regel feststellen, dass das viel gepriesene Ding bei weitem nicht das hält, was uns die Werbung permanent suggeriert hat. Nicht nur das, schon gibt es das einzigartige Goldstück in einer neuen, noch schöneren und weitaus besseren Version, an der man einfach nicht vorbeikommt, um endlich restlos und für immer glücklich zu werden, schon gar nicht, wenn es einen die Nachbarn, Kollegen oder Freunde voller Stolz präsentieren. Und so rennen die meisten ein Leben lang dem scheinbaren Glück vergeblich hinterher.

Um es gleich klarzustellen, falls Sie in diesem Ratgeber Ratschläge erwarten sollten, wie man trotzdem „diese Art von Glück" erwerben kann, dann muss ich Sie leider enttäuschen. Mir geht es vielmehr darum, Ihnen Mittel und Wege zu einem nachhaltigeren und echten Glück zu vermitteln.

Die Suche nach dem vor beschriebenen materiellen Glück wird ein Leben lang letztlich frustrierend bleiben, weil es bestenfalls von relativ kurzer Dauer ist, aber keineswegs die erhofften oder erwarteten permanenten Glücksgefühle generiert. Man empfindet zudem die Intensität dieser Gefühle bei weitem nicht so stark, wie sie uns in der

Werbung auf allen Kanälen vorgegaukelt werden. Man kann zwar so etwas wie einen Kaufrausch oder Besitzerstolz befriedigen, dessen Wirkung wie bei einer Drogeneinnahme aber viel zu schnell verfliegt und nicht selten Entzugserscheinungen auslöst, die immer wieder aufs Neue befriedigt werden wollen.

Aber was ist denn das wahre Glück eigentlich? Dazu mehr im nächsten Kapitel.

WAS BEDEUTET GLÜCK?

Wie definiert man Glück? Das so genannte materielle Glück möchte ich aus vorgenannten Gründen bei dieser Betrachtung ausklammern. Wer nach einem eindeutigen Glücksbegriff sucht, findet zwar eine Vielzahl von Definitionen, die mir jedoch keine restlos befriedigende Antwort darauf zu geben scheinen. Man kann nach meinem Verständnis prinzipiell zwischen einem unverhofften äußeren und einem inneren immateriellen Glück unterscheiden. Äußeres Glück erfährt man beispielsweise beim positiven oder guten Ausgang eines Ereignisses, auf das man selbst relativ wenig oder überhaupt keinen Einfluss hat. Meinetwegen ein Sechser im Lotto, ein Traumwetter in einer ansonsten eher verregneten Feriensaison oder ein schlimmer Unfall, den man dennoch heil und völlig unbeschadet übersteht. „Glück gehabt", ein „glücklicher Zufall" oder ein „geschenktes Glück", wie es so schön heißt. So erfreulich das sicherlich ist, darauf haben wir so gut wie keinen Einfluss, und darum ist das auch kein Thema in diesem Ratgeber.

Ich möchte Ihnen dagegen gerne Wege zu einem wesentlich wertvolleren und nachhaltigeren Glücksempfinden aufzeigen, das man allerdings nur aus eigenem Willen und mit eigener Kraft erreichen kann. Dieses Glück ist ein Zustand, bei dem man mit sich, mit seiner Umwelt und mit seinen Mitmenschen im Reinen und vollkommen frei von negativen Gedanken und Gefühlen ist. Glück in diesem Sinne ist ein Höchstmaß an innerer Zufriedenheit, das sich, wie oben dargelegt, dann einstellt, wenn ein bestimmtes Ereignis „aufgrund eigener Anstrengungen" den erhofften und gewünschten Verlauf nimmt oder wenn man ein schwieriges Problem im positiven Sinne selbst zu lösen vermag. Beispielhaft hierfür mögen eine bestandene Prüfung, ein Titelgewinn im Sport oder private und berufliche Erfolge sein. Ein Ziel dank eigener Anstrengungen zu erreichen löst wahre Glücksgefühle aus. Und aus diesem Grund trägt dieses Buch auch den Titel „Das Glück hat seinen Preis!"

WEGE ZUM GLÜCK

„Der Weg ist das Ziel!" lautet ein bekanntes Sprichwort aus dem 6. Jahrhundert vor Christus, das dem chinesischen Philosophen Konfuzius zugeschrieben wird (siehe *www.aphorismen.de/zitat/3995*). Doch was ist damit eigentlich gemeint? Übertragen auf das Glück als ausgewähltes Ziel wäre dies sinngemäß etwa so zu verstehen, dass der Weg zum Glück bereits Glücksgefühle auszulösen vermag. Voraussetzung dafür ist jedoch, dass das angestrebte Glück, ganz im Sinne von Konfuzius, auf edlen Motiven beruht und auf redliche Art und Weise errungen wird. Mit anderen Worten formuliert sollte Ihr Glücksziel ethisch moralischen Grundsätzen nicht widersprechen, mit fairen Mitteln erreicht werden, ohne andere dabei zu benachteiligen oder ihnen Schaden beizufügen und trotz möglicher Widerstände und Rückschläge beharrlich weiterverfolgt werden

Natürlich ist mir bewusst, dass man, wenn man so etwas in einer extrem leistungsorientierten Gesellschaft von sich gibt, Gefahr läuft, als ewig gestriger Moralapostel eingestuft zu werden, der mitleidig belächelt oder als weltfremder Spinner eingestuft wird. Dennoch setze ich mich aus Überzeugung dieser Gefahr bewusst aus und will meine Auffassung nachfolgend gerne näher begründen.

Bei einer Prüfung kann man bekanntlich auch mogeln, einen Titel kann man auch mit unsportlichen oder unfairen Mitteln erringen ebenso wie andere Ziele „dank" Rücksichtslosigkeit gegenüber seinen Mitspielern und Mitmenschen. In diesen Fällen hätte unser Ego über unser Gewissen gesiegt und uns allenfalls vordergründig zu einem scheinbaren Glück verholfen, das sich nicht selten ins Gegenteil umkehrt, wenn sich die auf diese Art und Weise geschädigten oder betrogenen Kontrahenten dagegen zur Wehr setzen oder auf Rache und Vergeltung pochen oder wenn einen das eigene Gewissen dafür plagt. Hier zahlt man nicht selten einen weitaus höheren Preis zurück als den, den man sich zuvor „erschlichen hat". Darauf werde ich anderer Stelle noch einmal zurückkommen.

EIN PAAR BEISPIELE

Was ich mir unter einem redlichen und glücksbringenden Ziel vorstellen könnte, möchte ich Ihnen an ein paar anschaulichen Beispielen erläutern.

Nehmen wir an, Sie leiden unter Übergewicht, was Sie nicht nur in optischer Hinsicht, sondern auch in Bezug auf Ihre Gesundheit und Fitness unglücklich macht. Sie beschließen daher abzunehmen. Ein durchaus ehrenwertes Ziel.

Der schnelle und materielle Weg dorthin ist durchaus mit einer der zahlreichen Diäten zu erreichen, die Ihnen in den Medien nicht nur ein Traumgewicht, sondern auch eine Traumfigur garantieren, wenn Sie nur die Wunderdiät XY oder den Abspeck-Zaubertrank Z für viel Geld erwerben. Derartige Diäten halten nicht selten sogar das, was sie versprechen, sofern Sie sich konsequent an die Einnahmevorschriften halten. So weit, so gut. Die zunächst vermutlich grenzenlose Freude kehrt sich meistens aber schon bald wieder ins Gegenteil um, wenn die Diät beendet ist und Sie wieder in alte Ernährungsgewohnheiten verfallen, was eher die Regel als die Ausnahme ist. Gleiches gilt auch für eine mehr oder weniger lange Fastenkur.

Ob es Ihnen gefällt oder nicht, Ihre Traumfigur und Ihr Traumgewicht erhalten Sie auf Dauer nur, wenn Sie Ihre Ernährungsgewohnheiten auch dauerhaft umstellen und gleichzeitig durch sportliche Aktivitäten möglichst viele Kalorien verbrennen. Das kostet zwar kein Geld, aber Anstrengungen und Verzicht, und zwar dauerhaft oder noch drastischer ausgedrückt „lebenslänglich".

Ein falscher Weg wäre es aber auch, wenn Sie nun versuchen würden, Ihr Ziel möglichst schnell zu erreichen, indem Sie Ihre Mahlzeiten drastisch reduzieren und es sportlich obendrein gleich mit einem Marathonlauf versuchen wollten, völlig abgesehen davon, dass Sie das ohnehin nicht lange aushalten könnten.

Das Geheimnis des Erfolges liegt vielmehr in der „Politik der kleinen Schritte". Versuchen Sie lieber, Ihre Kalorienaufnahme in möglichst kleinen Schritten über einen längeren Zeitraum zu reduzieren. Eine Scheibe

Wurst und ein Stück Käse weniger am Tag wären schon mal ein vernünftiger Anfang, zumal sich der Verzicht dabei für Sie in vertretbaren Grenzen hielte. Wenn es Ihnen dann noch gelingen sollte, sich täglich ein paar Minuten sportlich zu betätigen, hätten Sie bereits einen entscheidenden Schritt in Richtung Ziel geschafft, auch wenn sich das auf der Waage und am Taillenumfang zunächst noch nicht oder allenfalls unwesentlich bemerkbar machen sollte. Und irgendwann, wenn sich Ihr Körper merklich an die verringerte Nahrungsaufnahme und die sportlichen Aktivitäten gewöhnt hat, können Sie dann den nächsten Schritt tun und beim Essen noch etwas mehr reduzieren und beim Sport noch ein paar Minuten draufsatteln. Sie würden schon bald feststellen, wie positiv sich das auf Ihr Wohlbefinden auswirkt. Geduld, Ausdauer und Kontinuität, am besten basierend auf einem moderaten Zeit- und Umsetzungsplan, bringen Sie so zwar jeden Tag nur einen relativ kleinen Schritt näher, vermitteln Ihnen aber auch jeden Tag aufs Neue ein kleines Erfolgserlebnis, verbunden mit einem entsprechenden Glücksgefühl.

Ein anderes Beispiel. Sie wollten schon immer ein Musikinstrument spielen können. Auch das ist ein durchaus ehrenwertes und glücksversprechendes Ziel. Wenn Sie dann in der Werbung auf einen tollen Gitarren- oder Klavierkurs aufmerksam werden, der Ihnen verspricht, Sie kinderleicht und ohne Mühe im Handumdrehen zum Stargitarristen oder Meisterpianisten zu machen, so bedenken Sie bitte, dass auch hier die Politik der kleinen Schritte gefragt ist. Nur ständiges Üben und dauerhaftes Bemühen machen letztlich den Meister. Und auch das gilt ein Musikerleben lang. Die Kursanbieter wollen selbstverständlich nur Ihr Bestes, und das ist in deren Augen nun mal in erster Linie Ihr Geld. Um auch hier nicht falsch verstanden zu werden, viele Kurse sind in aller Regel wirklich gut, aber wenn Sie die letzte Kursübung absolviert haben und weitere Übungen in Eigeninitiative unterlassen, sind Sie noch lange nicht am dauerhaft erwünschten Ziel, ebenso wenig wie bei der vorgenannten Diät.

Noch ein letztes Beispiel. In Ihrem Unternehmen wird intern eine Stelle ausgeschrieben, die für Sie mit einem beruflichen Aufstieg und mehr Verantwortung, Kompetenzen sowie einem besseren Gehalt verbunden wäre. Sie bewerben sich neben zwei anderen Mitarbeitern. Wer wollte das nicht als ein lobenswertes, Erfolg versprechendes und damit auch als ein vermutlich glücksbringendes Ziel bewerten?

Nicht selten entsteht ein Konkurrenzkampf unter den Bewerbern, bei denen mit harten Bandagen und oft unlauteren Mitteln um den begehrten Platz gerungen und versucht wird, die Konkurrenten mit allen Mitteln auszutricksen, zu verunglimpfen oder ihnen Stolpersteine in den Weg zu legen. Beteiligen Sie sich bitte nicht daran und versuchen Sie stattdessen, Ihre Arbeit weiterhin engagiert, gut und gewissenhaft zu machen. Entwickeln Sie möglichst zusätzliche Eigeninitiativen, machen Sie fundierte Verbesserungsvorschläge oder entwickeln Sie ein aus Ihrer Sicht sinnvolles Konzept für den neuen Arbeitsbereich. Falls Ihnen die Stelle zugesprochen werden sollte, hätten Sie sich diese auf jeden Fall mit fairen und redlichen Mitteln und damit guten Gewissens verdient. Und falls nicht, könnten Sie den anderen weiterhin offen in die Augen schauen und brauchten keine Revanchen oder Racheakte zu befürchten. Mit Leistung und Fairness würden Sie unabhängig davon nicht nur Respekt und Anerkennung im Kollegenkreis erwerben, sondern sich bei Ihren Vorgesetzten für gegebenenfalls andere höherwertige Aufgaben empfehlen. Denn dafür ist nicht nur Fachkompetenz, sondern in besonderem Maße auch soziale Kompetenz im Umgang mit Mitarbeitern, Kollegen und Vorgesetzten gefordert, die Sie durch Ihr Verhalten unter Beweis gestellt hätten.

Warum sollte man sich aber so verhalten, wenn die anderen doch alle Register ziehen, um einen aus dem Weg zu räumen? Gleiches Recht für alle, würden es manche sicherlich nennen und damit eher gleiches Unrecht für alle einfordern. Ich möchte Sie diesbezüglich daher noch einmal an den letzten Absatz im vorigen Kapitel erinnern.

HILF DIR SELBST

Ich weiß nicht, was Sie von Sprichwörtern halten. Die meisten, die ich kenne, enthalten nach meinem Dafürhalten zwar durchaus Weisheiten, sind aber leider nicht selbsterklärend, weil in ihrer Kürze nun mal die Würze liegt, um es sprichwörtlich zu umschreiben. Auch ich möchte Ihnen gerne auf Ihrem Weg ins Glück ein altbekanntes Sprichwort mitgeben, das da lautet: „Hilf dir selbst, dann hilft dir Gott!" Doch was hat es im übertragenen Sinne eigentlich zu bedeuten?

Es gibt viele Menschen, denen es in ihrem Leben - mehr oder weniger - an Mut, Zuversicht und Selbstvertrauen fehlt. Doch das sind elementar wichtige Eigenschaften, um sein Leben selbstbestimmt und damit auch erfüllend zu meistern und zu gestalten. Wer bei allem nur auf die Hilfe anderer hofft oder darum bittet, macht sich von seinen Mitmenschen entsprechend abhängig. Er nimmt deren Hilfe zwar liebend gerne in

Anspruch, ist aber nicht selten enttäuscht, wenn das Ergebnis nicht seinen Wünschen und Vorstellungen entspricht.

Kein Wunder, wenn ich die Arbeit und damit insbesondere auch die Verantwortung in fremde Hände lege, statt mich selbst einmal an etwas heranzuwagen, was ich nie gelernt oder noch nie gemacht habe. Wir haben schließlich einen Verstand, um über ein zu lösendes Problem selbst nachdenken zu können, einen Mund, um schlaue Fragen an kompetente Mitmenschen zu richten und zwei Ohren, um deren Tipps und Ratschläge aufzunehmen. Doch die Zaghaften und Unsicheren scheuen nun mal Verantwortung wie der Teufel das Weihwasser und verschärfen letztlich vor dem permanenten Wegducken und Drücken davor ihr Problem immer mehr.

Hierzu ein simples Beispiel: Weil sie handwerklich nicht besonders oder gar völlig unbegabt sind, trauen sich viele noch nicht einmal zu, einen Nagel in die Wand zu schlagen, um ein Bild aufzuhängen, vor lauter Angst, sich dabei eventuell auf die Finger zu klopfen oder eine elektrische Leitung zu treffen. *Nichts ist unmöglich*, könnte man darauf mit einem bekannten Werbespruch zwar erwidern, aber selbst einen Hammerschlag auf den Daumen überlebt man in aller Regel, und elektrische Leitungen liegen nicht einfach wahllos oder kreuz und quer in der Wand, sondern werden waagerecht in relativ geringen Abständen zum Fußboden und zur Decke verlegt. Dort hängt man keine Bilder auf. Und senkrecht verlegt führen Leitungen zu sichtbaren Schaltern, Steckdosen und elektrischen Verbrauchern wie beispielsweise einer Wandleuchte. Mit anderen Worten, auch dieses Risiko ist überschaubar, zumal es auch Leitungssuchgeräte gibt, die man sich bei Bekannten ausleihen oder für ein paar Euro kaufen kann.

Ich möchte den ständig Zögernden und Zaudernden, unabhängig von diesem konkreten Beispiel, daher gerne den Rat geben, ein beliebiges überschaubares Problem, selbstverständlich unter vorheriger Abwägung möglicher Risiken, einfach selbst einmal einer Lösung zuzuführen. Und wenn das gelingt, handeln Sie sich mit dem erfolgreichen Abhaken zusätzlich noch ein bisschen von dem zuvor vermissten Selbstvertrauen und damit auch ein bisschen berechtigten Stolz und Selbstzufriedenheit ein. Und so kommen Sie dem kleinen Glück auch schon ein kleines bisschen näher. Falls es wider Erwarten aber doch danebengehen sollte, dann geht die Welt davon auch nicht unter. Vielmehr erlangen Sie daraus zumindest wichtige Erkenntnisse für künftige Fälle. Auch hierzu ein weises Sprichwort: „Man lernt am besten aus seinen Fehlern!"

Im nächsten Kapitel möchte ich auf ein für uns alle elementar wichtiges Instrument zum Thema „Hilf dir selbst" etwas näher eingehen.

SELBSTHEILUNGSKRÄFTE

Ein uraltes Sprichwort besagt sinngemäß, dass nur in einem gesunden Körper ein gesunder Geist ruht. Wie wahr! Doch so formuliert könnte es möglicherweise missverstanden werden, denn es ist nicht der gesunde Körper, der einen gesunden Geist verursacht, sondern genau umgekehrt. Nur ein gesunder, im Sinne von rechtschaffener, Geist bietet die Grundvoraussetzung für einen gesunden Körper. Nach meinem Verständnis bedeutet das, dass wir nur dann, wenn sich unser Körper, unser Geist und unsere Seele im Einklang befinden, sowohl über eine physische als auch psychische Gesundheit verfügen können. Wir müssen also nicht nur auf unseren Körper achten, uns optimal ernähren und Sport treiben, sondern auch im Umgang mit uns, mit unseren Mitmenschen und unserer Umwelt im Reinen sein, frei von Schuldgefühlen, Gewissensbissen und negativen Empfindungen.

So etwas ist zwar leicht dahingesagt, aber im realen Leben bekanntlich nur sehr schwer umzusetzen. Derjenige, der uns dabei am meisten im Wege steht und uns auf Ab- oder Umwege zu leiten versucht, sind wir selbst oder unser Ego. Und so bleibt es im Umkehrschluss auch nicht aus, dass jeder in seinem Leben auch mit unterschiedlichsten Krankheiten oder Gebrechen konfrontiert wird, der eine mehr, der andere weniger. Spätestens dann sollten wir uns darauf besinnen, dass allen Lebewesen von Natur aus Selbstheilungskräfte mit auf den Lebensweg gegeben wurden, weil diese überlebensnotwendig sind. Nur so ist es möglich, dass sich beispielsweise Tiere in freier Natur ohne jegliche Hilfe oft erstaunlich schnell von schwersten Krankheiten und Verletzungen zu erholen vermögen. Ähnliches ist auch bei Naturvölkern fernab jeder Zivilisation zu beobachten, die nicht wie wir über eine umfassende medizinische Betreuung und Versorgung zurückgreifen können. Doch sind wir in dieser Beziehung tatsächlich auch besser dran?

Ich glaube nicht, denn (zu) viele Menschen sind es gewohnt, bei jeder kleinen Unpässlichkeit sofort zum Arzt zu rennen, um sich mit der Verschreibung von teurer Medizin in Form von Pillen, Spritzen, Salben oder Säften, mit Therapien, Bestrahlungen, Operationen etc. wieder „(gesund)reparieren zu lassen", so wie wir es beim Auto, nicht selten unserem liebsten Kind, zu tun pflegen. Bei einem vierrädrigen Vehikel ist das tatsächlich auch die einzige Möglichkeit, wieder heil zu werden, aber ist ein lebendiger menschlicher Körper mit toter Materie vergleichbar? Wohl kaum, oder Gott sei Dank nicht! Selbst ein gebrochener Arm kann von einem Arzt zwar geschient und ruhig gestellt werden, aber das richtige Zusammenwachsen des gebrochenen Knochens bedarf unserer Selbstheilungskräfte. Insofern ist die rein medizinische Behandlung zwar zwingend erforderlich, letztlich aber „nur" eine unterstützende Maßnahme für den Selbstheilungsprozess.

Viele von uns müssten sich daher nur wieder mehr auf ihre Selbstheilungskräfte besinnen, doch die sind den meisten überhaupt nicht richtig bewusst und durch ausschließliche Medizin- und Medikamentengläubigkeit verkümmert wie ein Muskel, der nicht ständig bewegt wird. Kein Wunder, denn auch hier verspricht uns die Werbung für buchstäblich alle gesundheitlichen Probleme und Wehwehchen wahre Wundermittel. Und bei nicht wenigen helfen die tatsächlich auch, weil die Betroffenen an die versprochene Wunderwirkung fest zu glauben vermögen, worin oft bereits das Geheimnis des Erfolges begründet ist. Dabei verkennen wir allerdings, dass alle Lebewesen über ihr kostenloses Selbstheilungssystem jederzeit verfügen können.

Ähnliche Erfolge wie mit klassischen Medikamenten hat man in der Medizin in zahlreichen Tests und Studien mit so genannten Placebos erzielt. Unter einem Placebo kann man sich vereinfacht ausgedrückt eine in Medikamentenform verabreichte Substanz ohne medizinische Heilwirkung vorstellen, der aber bei der Verabreichung eine entsprechende Wirkung nachgesagt wird. Bei vielen Probanten haben Placebos nachgewiesenermaßen den Heilungsprozess aktiviert, und zwar dann besonders gut, wenn die Betroffenen keinerlei Zweifel an der grundsätzlichen Wirksamkeit hatten. Selbst bei kleinen Kindern, die sich nur ein kleines bisschen wehgetan haben, wirken ein Pflaster oder ein kleiner Verband bekanntlich oft wahre Wunder.

Selbstverständlich sollte sich jeder, der ernsthaft erkrankt ist oder sich Verletzungen zugezogen hat, auch in ärztliche Behandlung begeben. Er kann aber mit dem Hintergrundwissen über seine Selbstheilungskräfte durch Aktivieren derselben die medizinische Behandlung zumindest durch entsprechende Entspannungs- und Meditationsübungen positiv unterstützen. Nach meinen Erfahrungen funktioniert das durchaus auch, ohne spezielle Kurse absolviert zu haben. Ich suche mir dafür einfach ein stilles und bequemes Plätzchen, entspanne mich und stelle mir in Gedanken vor, wie die Selbstheilungskräfte durch meinen Körper fließen und an den betroffenen Stellen ihre heilende Wirkung entfalten, was sich bei mir durch einen als wohltuend empfundenen Wärmestrom bemerkbar macht.

Allerdings sind Selbstheilungskräfte alleine nicht immer des Rätsels Lösung. Viele Erkrankungen resultieren letztlich aus psychischen Problemen, sodass ein dauerhafter Heilerfolg auch nur erzielt werden kann, wenn die psychischen Auslösefaktoren erkannt und die notwendigen Konsequenzen zur Änderung des persönlichen Verhaltens daraus gezogen werden. Wenn man zum Beispiel in einer Partnerschaft permanent unfair und lieblos behandelt oder gar unterdrückt wird oder sogar noch Schlimmeres zu ertragen hat, dann leidet die Seele und löst auf Dauer auch körperliche Erkrankungen an unseren Schwachstellen aus. Insofern sind viele körperliche Erkrankungen auch als notwendige Warn- und Alarmsignale in Bezug auf psychische Belastungen zu werten, die ohne körperliche Symptome entweder nicht wahrgenommen werden wollen oder können oder gar bewusst verdrängt werden.

Eine Selbstheilung körperlicher Erkrankungen wird also nur in dem Maße von Erfolg gekrönt sein, wie eine dafür gegebenenfalls verantwortliche psychische Belastung erkannt und behoben werden kann. Mit anderen Worten: Wir dürfen unseren Körper, unseren Geist und unsere Seele nicht als voneinander isoliert betrachten, wie das bei der klassischen Schulmedizin für körperliche Erkrankungen viel zu lange und zum Teil noch immer praktiziert wird, die psychische Erkrankungen oft ausklammert oder entsprechenden Spezialisten überlässt.

In dem Bewusstsein, dass jeder Gedanke von uns entsprechende Auswirkungen auf uns selbst und unser Umfeld hat, sollten wir uns alle im eigenen Interesse um möglichst positive und liebevolle Gedanken bemühen, was in unserer zurecht als zu kalt und zu gefühllos empfundenen Welt alles andere als leicht ist. Trotzdem! Mit einem empathischen Verhalten und positiven Gedanken anderen gegenüber vermögen wir sogar dort positive Veränderungen auszulösen und zu unterstützen.

Bleibt festzuhalten, dass wir auch auf diese Art dem Glück für uns und für andere durchaus mehr als ein bisschen auf die Sprünge zu helfen vermögen.

JEDER GEHT DEN GLEI-
CHEN WEG

Wir befinden uns alle ein Leben lang auf dem gleichen Weg, wenn auch an unterschiedlichen Stellen. Und obwohl aktuell über 7,8 Milliarden Menschen diesen Weg beschreiten, muss ihn jeder von uns alleine meistern.

Die Rede ist von unserem Lebensweg, den wir alle in die gleiche Richtung gehen, weil auch das Ziel für uns alle letztlich das gleiche ist. Völlig egal, ob man es ignorieren oder verdrängen will, unser Lebensweg führt uns dennoch Tag für Tag unweigerlich näher heran an unser Endziel, und das ist nun einmal der Tod.

Ein schrecklicher Gedanke, für die allermeisten jedenfalls, die ihn daher gerne verdrängen möchten, selbst dann noch, wenn sie auf dem Sterbebett liegen sollten. Aber warum ist das so, wo der Tod doch seit Menschengedenken zum Leben gehört? Ist der Tod ein One Way Ticket, eine Endstation sozusagen? Oder kommt da noch etwas? Aber was? Und wenn ja, wohin führt der Weg hinter der Ziellinie? Ins Glück oder gar ins Unglück? Fragen über Fragen, auf die ich Ihnen gerne ein paar hoffnungsfrohe Antworten mit auf den Weg geben möchte. Doch das setzt voraus, dass ich Sie vorab mit einigen grundsätzlichen spirituellen Themen konfrontieren muss, zu denen auch Fragen nach dem Sinn des Lebens, nach der Existenz eines Schöpferwesens und einem Weiterleben nach dem Tod gehören.

Falls Sie an dieser Stelle das Buch zu-klappen oder gar in den Mülleimer werfen wollen, weil Sie davon partout nichts halten oder hören und lesen wollen, halten Sie sich bitte im eigenen Interesse noch ein bisschen zurück. Das können Sie im Zweifelsfall schließlich immer noch tun. Ich kann Ihnen an dieser Stelle jedenfalls die Hoffnung ma-chen, dass uns nach meiner Überzeugung das Beste am Lebensende noch bevorsteht. Das möchte ich nachfolgend natürlich noch etwas näher erläutern und begründen.

AUF DEN GLAUBEN KOMMT ES AN

Glaube ist ein unverzichtbarer Bestandteil unseres Lebens, wobei ich zunächst einmal den religiösen Glauben ausklammern möchte. Beliebige Ziele, seien es große oder kleine, berufliche oder private, können wir nur verbunden mit Glauben und Hoffnung und der daraus resultierenden Energie erreichen. So glauben wir und hoffen wir beispielsweise, dass wir den heutigen Tag gut überstehen werden und dass morgen auch noch ein Tag ist. Wir glauben und hoffen, unsere Alltagsaufgaben, unsere Sorgen und unsere Probleme irgendwie bewältigen zu können, schwierige und wichtige Prüfungen zu meistern, angefangen vom erfolgreichen Abschluss einer Schule oder einer Ausbildung über die Führerscheinprüfung bis hin zum qualifizierten Hochschulabschluss. Wir glauben und hoffen, den begehrten Arbeitsplatz zu bekommen oder ihn nicht zu verlieren. Wir glauben, endlich den Partner fürs Leben gefunden zu haben, der uns immer lieben und uns treu sein wird. Wir glauben an Hilfe und Unterstützung in der Not durch Verwandte und Freunde, an den Sieg unseres Vereins im nächsten Spiel, an die Meisterschaft oder den Klassenerhalt und natürlich an den Sechser im Lotto beim nächsten Tipp. Auch Entdeckungen, Forschung und Entwicklung basieren alle auf dem Glauben und der Hoffnung, das angestrebte Ziel zu erreichen.

Diese kleine Auswahl an Beispielen könnte sicherlich jeder nach Belieben ergänzen, doch ich möchte jetzt auf den Glauben an einen wie auch benannten Schöpfergott zu sprechen kommen.

Die seit Jahrzehnten zu verzeichnenden Kirchenaustritte, sowohl aus der römisch-katholischen wie auch aus der evangelischen Kirche, lassen letztlich nur den Schluss zu, dass der Glaube an einen allmächtigen Gott in der Bevölkerung immer stärker abnimmt. Allerdings muss man aber auch keiner Glaubensgemeinschaft angehören, um gläubig im religiösen Sinn zu sein. Darauf werde ich an anderer Stelle noch einmal zurückkommen.

Wie auch immer, Not, Elend, Kriege und Grausamkeiten lassen sich auf den ersten Blick sicherlich nicht mit einem gütigen und gerechten Gott vereinbaren. Warum es dennoch kein Widerspruch sein muss, darauf möchte ich im nächsten Kapitel näher eingehen.

DER BLICKWINKEL IST ENTSCHEIDEND

Obwohl ich noch immer zahlendes Mitglied der katholischen Kirche bin, vermag ich persönlich mit diesem „Religionsverein" wenig anzufangen. Auch meine Kirchenbesuche im Verlauf eines Jahres kann man an einer Hand abzählen, wobei mich hierfür weitaus mehr die innere Einkehr in einer leeren Kirche oder die Bewunderung der Kirchenarchitektur reizen als fromme Gebete oder der Besuch einer Messe, von der Christmette mal abgesehen. Um es offen zuzugeben, ich kann einigen Kirchenzeremonien nicht das Geringste abgewinnen. Ich glaube auch nicht an ein einziges irdisches Leben oder an eine Wiederauferstehung am jüngsten Tag. Was mich dennoch an der Institution Kirche festhalten lässt, ist ihre Vermittlung von Werten, die eine elementar wichtige Voraussetzung für ein Leben in Ruhe und Frieden sind, das man auf unserem Planeten in weiten Teilen, so scheint es mir jedenfalls, in zunehmendem Maße vergeblich sucht.

Seit vielen Jahren beschäftige ich mich mit den für uns alle gleichermaßen wichtigen existenziellen Fragen. Warum sind wir auf der Welt? Was ist der Sinn des Lebens? Gibt es so etwas wie einen göttlichen Schöpfer? Woher kommen wir und wohin gehen wir? Gibt es ein Jenseits und ein Leben nach dem Tod?

Doch nur relativ wenige „vergeuden" mit derartigen Überlegungen ihre Zeit und bringen die Existenz unseres Universums, mit allem, was dazugehört, mit einem Urknall vor ewig langer Zeit in Verbindung. Viele halten Gott und ein Jenseits für naive Hirngespinste und nehmen frei nach dem Motto „man lebt nur einmal" alles auf unserem Planeten mit, was ihnen schön, gut und begehrenswert erscheint, meist ohne Rücksicht auf Verluste anderer gegenüber. Bei weitem also kein Wunder, dass auf unserem Planeten Erde so erschreckend viel Schlimmes passiert und aus dem Ruder läuft, was einem wiederum den Glauben an einen gütigen und gerechten Schöpfergott erschwert oder gar unmöglich macht.

Seitdem ich in den Siebziger Jahren eher zufällig auf die Bücher von Elisabeth Kübler-Ross und Raymond Moody gestoßen bin, die sich mit dem Sterbeprozess und so genannten Nahtoderlebnissen intensiv befasst haben, hat mir diese Thematik keine Ruhe mehr gelassen. Ich möchte diesen Begriff hier nur relativ kurz beschreiben und Sie zwecks weitergehender Informationen auf die Empfehlungen am Ende dieses Buches verweisen.

Von einer Nahtoderfahrung oder einem Nahtoderlebnis spricht man, wenn davon Betroffene - zum Beispiel ausgelöst durch ein dramatisches Ereignis wie einen schweren Unfall, eine kritische Operation oder eine drohende Gefahr – danach bei vollem Bewusstsein darüber berichten, dass sie ihren Körper verlassen und dabei eine oder mehrere typische Nahtod-Merkmale erlebt haben wie zum Beispiel:

- eine völlige Schmerzfreiheit

- keinerlei körperliche Einschränkungen oder Behinderungen

- eine Sicht von Außen auf den eigenen Körper

- sich mit hoher Geschwindigkeit durch eine Art Tunnel auf ein strahlend helles und intensive Liebe vermittelndes Licht hin zu bewegen

- die Wahrnehmung einer im wahrsten Sinne des Wortes „unbeschreiblich" schönen geistigen Welt

- intensive Glücksgefühle

- eine Begegnung mit Verstorbenen bzw. mit anderen Geistwesen

- eine Rückschau auf das eigene Leben in einer Art Film

- der häufige Wunsch, für immer in dieser geistigen Heimat verbleiben zu dürfen

- eine jenseitige Erklärung oder Eingebung, dass man wieder in seinen Körper und damit in sein irdisches Dasein zurück muss, um noch bestimmte Aufgaben zu erfüllen

Alles nur Blödsinn? Grundsätzlich nicht auszuschließen, denn einen Beweis dafür gibt es in der Tat nicht, und es gibt durchaus nicht wenige Skeptiker, die dies weniger auf spirituelle Erlebnisse als beispielsweise auf Halluzinationen, Sauerstoffmangel im Gehirn, körpereigene Botenstoffe, psychotrope Substanzen oder Psychopharmaka zurückführen. Allerdings ist dies beispielsweise mit den Erkenntnissen des niederländischen Kardiologen Dr. Pim van Lommel, die er in seinem Buch „Endloses Bewusstsein" beschrieben hat, nicht in Einklang zu bringen.

Alleine in Deutschland berichten mehr als vier Prozent und damit über drei Millionen Menschen quer durch alle Bevölkerungsschichten und Altersklassen von derartigen Nahtoderlebnissen, und das mit einem erstaunlich hohen Maß an Übereinstimmung. Und von diesem Phänomen wird nicht nur hier, sondern weltweit und damit kultur- und religionsübergreifend berichtet.

Falls unser Bewusstsein nicht mit unserem Gehirn gleichzusetzen oder nicht untrennbar mit ihm verbunden ist, wovon zunehmend mehr Wissenschaftler wie Pim van Lommel ausgehen, wäre das nicht nur eine Erklärung für derartige Nahtoderlebnisse, sondern auch für ein Weiterleben als Geistwesen über den körperlichen Tod hinaus. Das würde wiederum bedeuten, dass man als reines Geistwesen unsterblich ist und durchaus auch mehrere körperliche Vorleben gehabt haben könnte oder noch haben kann, sofern man sich der Möglichkeit einer Reinkarnation nicht völlig verschließt. Immerhin besteht für weltweit ca. 1,4 Milliarden Hindus und Buddhisten daran kein Zweifel. Zumindest Ansatzpunkte dafür sind

aber auch in anderen Glaubensgemein-
schaften wie beispielsweise dem frühen
Christentum zu finden.

Eng verbunden mit der Reinkarnation ist
auch das so genannte Karma, nach dem,
vereinfacht ausgedrückt, jede unserer körperlichen oder geistigen Handlungen Folgen
hat, die sich nicht zwingend in diesem Leben, sondern möglicherweise erst in einem
zukünftigen Leben positiv oder negativ auf
uns und unser Schicksal auswirken können. Mit anderen Worten, was auch immer
wir in unserem Leben tun, dafür ernten wir
irgendwann, irgendwie und irgendwo die
Früchte, sowohl die guten als auch die fau-
len.

Stellt sich die Frage, welche Religion denn
nun den wahren und richtigen Glauben ver-
tritt. Letztlich keine, wäre meine Antwort
darauf, weil alle Religionen von Menschen
repräsentiert werden, die sich nicht nur ir-
ren und Fehler machen, sondern unbewusst
oder sogar bewusst etwas verbreiten können, was insbesondere ihren Wünschen und
Vorstellungen entspricht. Man kann das
auch auf alle irdischen Instanzen und Insti-
tutionen übertragen. Ein unrühmliches Beispiel hierfür bietet insbesondere unsere Politik. Nicht eine einzige politische Partei auf

diesem Planeten ist bereit und in der Lage, die bestmögliche Politik für ihr Land zu machen. Und dennoch vertrauen viele Menschen „ihrer" Partei blind und verschreiben sich ihr auf Gedeih und Verderb per Wählerstimme oder gar per Mitgliedschaft für alle Zeiten.

So wie man durchaus ein politisch interessierter und verantwortungsbewusster Mensch sein kann, ohne ausschließlich und dauerhaft eine bestimmte Partei zu präferieren oder ihr anzugehören, so kann man selbstverständlich auch ein gläubiger Mensch sein ohne konkreten Religionsbezug. So gehöre ich, wie bereits dargelegt, aus übergeordneten ethisch-moralischen Gründen noch immer der katholischen Kirche an, obwohl mich diese Institution mit ihrer Art der Glaubensvermittlung in meinem Leben mitunter mehr irritiert und verwirrt als in meinem Glauben gefestigt hat. Nur ein einziges irdisches Leben und ein irdisches Vergeben von Sünden nach einer Beichte und drei Vater Unser Gebeten zur Strafe? Eine sozusagen von Gott vergebene Lizenz dafür an Priester? Wäre das im Umkehrschluss nicht auch so etwas wie eine Lizenz für Sünder zum permanenten Weitersündigen, weil dies ja stets aufs Neue problemlos per Beichte getilgt werden kann? Ein

Verharren im Tod bis zum jüngsten Tag, dann die Wiederauferstehung und ein Jüngstes Gericht mit einer Aburteilung in Kandidaten für den Himmel oder die Hölle? Nein, das war mir schon immer mehr als suspekt. Was mich dagegen in meinem Glauben an einen wie auch immer bezeichneten universalen Schöpfer gestärkt und gefestigt hat, ist die jahrzehntelange Beschäftigung mit den vorgenannten spirituellen Fragen, ein umfangreiches Literaturstudium und letztlich auch eine an den naturwissenschaftlichen Gesetzen ausgerichtete ingenieurwissenschaftliche Ausbildung.

„Von nichts kommt nichts!" lautet ein altbekanntes Sprichwort, und das gilt natürlich auch für alle irdischen Gesetze, die irgendwann von irgendwem aus irgendwelchen Gründen ausgearbeitet und eingeführt wurden. Sollte das nicht gleichermaßen auch für die Naturgesetze gelten? Ich denke schon! Einen wesentlichen Unterschied gibt es allerdings, denn irdische Gesetze können von Menschenhand bei Bedarf geändert werden, Naturgesetze dagegen nicht! Ohne diese Naturgesetze ist die Existenz des Universums und ein Leben auf unserem Planeten undenkbar. Nach meinem Verständnis setzt das einen bis ins letzte Detail durchdachten schöpferischen Akt voraus, der nur von einer übergeordneten Instanz in die We-ge geleitet werden konnte. Es gibt durchaus sehr renommierte Wissenschaftler, die das vehement bestreiten und entsprechend zu begründen versuchen. Alles Leute, die mit Sicherheit weitaus intelligenter sind als ich. Dennoch bin ich aus tiefster Überzeugung nicht bereit, ihnen diesbezüglich zu folgen.

Warum eigentlich nicht? Ich möchte es an folgender Überlegung gerne verdeutli-chen: Nehmen wir einmal an, man würde in einem Raum eine Staffelei, eine Leinwand, allerlei Farben, Pinsel, Wasser und An-machgefäße deponieren und diesen Raum dann hermetisch abriegeln, sodass niemand mehr Zugang hätte. Wie lange müsste man wohl abwarten, bis dort drinnen ein richti-ges Gemälde entstanden wäre? Einfach so, ohne Zutun eines Malers und damit eines Schöpfers von Kunstwerken. Was glauben Sie? Zehn Jahre, hundert Jahre, tausend Jahre oder gar noch länger? Ich könnte eine derartige Frage nur beantworten mit: Selbst in aller Ewigkeit nicht! So viel zum Thema „Es geht auch ohne einen Schöpfer!"

Doch was hat das alles mit dem Thema Glück zu tun, werden Sie sich jetzt vielleicht fragen. Ganz einfach, weil sich durch den Glauben an einen Schöpfergott unser Blickwinkel und unsere Einsicht gewaltig erweitern, möchte ich darauf erwidern.

Nehmen wir einmal an, jeder von uns hätte nur ein Leben, es gäbe keinen Gott und die ethisch-moralischen Grundsätze wären eine rein irdische Erfindung. Warum sollte ich mich dann beispielsweise mitmenschlich, gütig und hilfsbereit anderen gegenüber verhalten, wenn dies nicht meinen eigenen Vorstellungen entspricht und mir zudem zum Nachteil gereicht oder weil die anderen sich ja auch nicht dran halten?

Und was wäre, wenn es einen Gott gäbe und wir nur ein Leben hätten? Wenn es ein gütiger und gerechter Gott ist, wie er oft gepriesen wird, warum gibt es dann so viel Ungerechtigkeiten, Leid und Grausamkeiten auf der Welt? Warum kann der eine in Saus und Braus leben, ist schön, reich und kerngesund, während der andere ein erbärmliches Leben in einem hässlichen und gebrechlichen Körper führen muss?

Führen derartige Vorstellungen nicht zwangsläufig dazu, dass immer mehr Menschen an Gott verzweifeln oder den Glauben an ihn völlig verlieren? Ist es dann nicht nachvollziehbar, dass immer mehr Menschen getreu dem Motto „Man lebt nur einmal!" ausschließlich ihrem Ego folgen, um goldene Kälber als Gottesersatz tanzen und gnadenlos ihrer so genannten Selbstverwirklichung auf dem Rücken oder zum Nachteil und Schaden anderer frönen?

Eine völlig andere Sichtweise haben dagegen diejenigen, die keine Zweifel an einem Schöpfergott haben, die von einem Weiterbestehen als reines Geistwesen nach dem Tod überzeugt sind und sich daher auch mehr als ein irdisches Leben vorstellen können, die Reinkarnations- und Karmagedanken also offen gegenüberstehen und daher auch göttliche Liebe, Güte und Gerechtigkeit nicht ausschließlich an einem einzigen irdischen Dasein festmachen. Wäre das nicht eine logische Erklärung für viele Ungerechtigkeiten in einem einzigen irdischen Dasein?

Genau so falsch wäre es sicherlich auch, ein Menschenleben nur auf Basis eines bestimmten Lebensabschnittes beurteilen zu wollen. Jeder von uns ist schon Menschen begegnet, die „scheinbar" immer nur auf der so genannten Sonnenseite des Lebens gewandelt sind, von Schönheit, Erfolg und Reichtum verwöhnt. Menschen, denen man mit Neid oder gar mit Missgunst begegnet ist. Lebenslange Glückspilze sozusagen. Doch es gibt keinen, dem dieses Glück auch tatsächlich auf Dauer beschert war oder ist. Irgendwann erleiden auch sie beispielsweise schwere Schicksalsschläge, verlieren an Vermögen oder bekommen schwere oder unheilbare Krankheiten. Mit anderen Worten, nur eine Abschlussbilanz am Lebensende vermittelt ein zutreffendes Gesamtergebnis über „ein" Leben. Wer dagegen nur einen bestimmten Zeitabschnitt im Auge hat, dem fehlt der notwendige Gesamtüberblick oder das richtige Augenmaß. Und das lässt sich auch auf die Bilanz eines endlosen Geistwesens übertragen. An folgendem Witz, den Sie vielleicht kennen, lässt sich das sehr anschaulich verdeutlichen:

Ein Neuankömmling landet in der Hölle und der Teufel geht mit ihm zu den einzelnen Folterstationen. Für eine davon muss er sich letztlich entscheiden. Die fürchterlichsten und schrecklichsten Quälereien stehen dort zur Auswahl, die ich hier gar nicht näher zu beschreiben vermag. Zuletzt kommen Sie an einer Station vorbei, wo die armen Sünder bis zum Hals in einer bestialisch stinkenden Gülle stehen, die sofort heftige Übelkeit verursacht. *Aber wenigstens Zigaretten dürfen sie rauchen,* denkt sich der leidenschaftliche Raucher, *das ist zwar ansonsten alles widerlich und ekelhaft, aber weitaus weniger schlimm als alles andere, was ich gesehen habe.* Und so entscheidet er sich für diese Station, worauf der Teufel ihm einen Platz in der stinkenden braunen Brühe zuweist. Doch kaum hat er diesen erreicht, klatscht der Teufel in die Hände und brüllt: *„So, ihr elendes Gesindel, Zigarettenpause vorbei. Alle sofort wieder nach unten abtauchen."*

Dumm gelaufen, dass er ausgerechnet in der Pause dort vorbeikam, oder? Ob seine Entscheidung anders ausgefallen wäre, wenn er sich ein bisschen später entschieden hätte? Wer weiß, aber letztlich hätte er dann zumindest einen vollständigen und umfassenden Bewertungsmaßstab gehabt.

Wie irreführend und nachteilig voreilige Schlüsse sein können, habe ich in meinem Leben schon öfter erfahren müssen. Ich nehme mal an, dass ich damit wohl nicht der Einzige bin. Seither vermag ich all das, was mir im Leben widerfahren ist, wesentlich besser einzuordnen und mit etwas mehr Gelassenheit zu akzeptieren und zu ertragen, auch wenn es nicht immer meinen Wünschen und Vorstellungen entsprach.

Was das wahre Glück anbetrifft, nach dem wir wohl alle auf der Suche sind, hatte ich ja bereits ausgeführt, dass es mit Sicherheit nicht in materiellen Dingen und finanziellem Reichtum zu finden ist. Selbst der reichste Mensch der Welt vermag am Ende seines Lebens nicht das Geringste davon mitzunehmen. Wenn es am Ende seines Lebens aber doch irgendwie weitergehen sollte, hätte er dann nicht doch auf das falsche Pferd gesetzt? Stellt sich die Frage, ob man vielleicht trotzdem etwas Wertvolles aus seinem irdischen Dasein mit ins Jenseits retten kann. Ich glaube schon. Im nächsten Kapitel werde ich darauf noch einmal zurückkommen.

WAS WIRKLICH ZÄHLT

Die Tatsache, dass man nichts Materielles auf seine letzte Reise mitnehmen kann, bedeutet keineswegs, dass man auf dem Planeten Erde nur noch in Sack und Asche herumlaufen sollte. Auf eine gewisse Lebensqualität möchte völlig zu Recht niemand gerne verzichten. Auch manchen Unternehmern, die sich mit ihren beruflichen Aktivitäten eine goldene Nase verdienen, ist der Erfolg zu gönnen, da sie schließlich ihren Arbeitnehmern zu Lohn und Brot verhelfen und damit eine wichtige Aufgabe für die Gesellschaft erfüllen. Zudem tragen sie sehr große unternehmerische Risiken, und zu welchen dramatischen Folgen das in schweren Zeiten führen kann, vermittelt eindrucksvoll die aktuelle Coronakrise. Nein, sofern ein Unternehmer seine Mitarbeiter gut und fair behandelt und ordentliche Arbeit zu einem angemessenen Preis leistet, gibt es an seinem Wohlstand nicht das Geringste auszusetzen.

Eine faire Behandlung seiner Mitmenschen und einen aktiven Beitrag, nicht nur zum eigenen Wohl, sondern auch zum Wohl der Allgemeinheit wäre sicherlich ein Glückspfand auf unserem Weg durchs Leben, das bereits zu Lebzeiten eingelöst wird und auch über die Ziellinie unseres irdischen Daseins hinaus seinen Wert behält.

Man kann sich natürlich völlig zurecht die Frage stellen, warum man sich überhaupt hier auf der Erde so abrackern und quälen muss, wenn man als reines Geistwesen doch ein wunderschönes und sorgenfreies Leben jenseits aller irdischen Probleme und körperlichen Einschränkungen führen könnte. Selber schuld, denn das hatten wir wohl alle schon mal und haben es durch wie auch immer geartete Untaten aufgrund unseres gottgegebenen freien Willens versemmelt. Eine zugegebenermaßen flapsige Antwort, mit der ich den so genannten Engelsturz grob umschreiben möchte, nach dem Luzifer und seine Gefolgsschar vor unendlicher langer Zeit aus dem Himmel verbannt wurden, weil sie sich aus falschem Stolz gegen Gott erhoben und ihm gleich sein wollten. Auch die Geschichte von Adam und Eva, die aus dem Paradies vertrieben wurden, weil sie verbotenerweise vom Baum der Erkenntnis genascht hatten, ist Ihnen sicherlich ein Begriff. Ob und was man davon glauben kann oder will, bleibt jedem von uns selbst überlassen. Alleine aus dieser Bemerkung mögen Sie meine Skepsis gegenüber solchen Geschichten durchaus ableiten, die sich aber weitaus mehr auf die Art und Weise der aus heutiger Sicht mitunter naiv oder märchenhaft klingenden Darstellung (zumindest nach meinem Empfinden) als auf den tieferen Sinn dahinter bezieht.

Nach meiner Auffassung ist es letztlich gleichgültig, ob wir dereinst zu Luzifers Gefolgsleuten gehörten oder als Nachfahren von Adam und Eva oder warum auch immer mehr oder wenig große und uns dennoch unbekannte Schuld mit uns herumtragen, wir müssen sie offenbar so oder so hier auf der Erde sühnen. Ich frage mich allerdings, ob der Engelsturz wegen göttlichen Hochmut oder der Genuss verbotener Früchte bei Adam und Eva alleine Schuld an unserem menschlichen Dasein sind und komme unweigerlich zu dem Schluss, dass das wohl nur der Anfang gewesen sein kann, denn die Geschichte der Menschheit ist bekanntlich in weiten Teilen eine schreckliche, in der Unterdrückung, Hass, Folter, barbarische Grausamkeiten, Völkermorde und verheerende Kriege bis auf den heutigen Tag blutige Spuren hinterlassen. Für (re)inkarnierte Geistwesen mithin unendlich viele Gründe für Buße, Sühne, Tilgung von Schuld und Wiedergutmachung.

Und diese - in einer materiellen Welt verursachte - Schuld kann in logischer Konsequenz wohl auch nur hier auf der Erde getilgt werden. Man kann sich die Erde nach meinem Verständnis als praktischen Prüfungs- und Bewährungsort vorstellen, wo wir vor bestimmte Aufgaben gestellt werden und diverse Hürden, Prüfungen und Schicksalsschläge zu meistern haben. Sofern uns das im ethisch-moralischen Sinne gelingen sollte, rücken wir wohl auf der Himmelsleiter ein kleines Stückchen höher in Richtung ewiger (?) Glückseligkeit. Und falls nicht, dann ist es wohl wie in der Schule. Wir bleiben sitzen, weil wir das Klassenziel nicht erreicht haben, was bedeutet, dass wir die Klasse noch einmal wiederholen müssen, unterbrochen von einer mehr oder weniger langen geistigen Schulung und Vorbereitung im Jenseits bis zu einer erneuten Reinkarnation.

Klingt verrückt, mag der eine oder andere jetzt vielleicht sagen, *das glaubt der doch selbst nicht*. Ich würde verrückt eher durch ungewöhnlich oder gewöhnungsbedürftig ersetzen, jedenfalls nach unseren Glaubensvorstellungen. 1,4 Milliarden Hindus und Buddhisten hätten damit ohnehin keine Probleme. Ich glaube tatsächlich auch daran, aber nicht wegen der 1,4 Milliarden, sondern weil es mir weitaus logischer als das erscheint, was unsere Religionen vermitteln. Und ich bin nun mal als ausgebildeter Ingenieur ein Anhänger der Logik, auch wenn mich vermutlich nicht wenige dieser Spezies dennoch gerne für verrückt erklären würden. Sei´s drum!

Für mich stellt die Erde jedenfalls im vorgenannten Sinne so etwas wie einen Trainings- und Bewährungsort unter harten Wettkampfbedingungen dar. Ich persönlich würde auf ein nochmaliges Leben mit all seinen Sorgen, Nöten und Problemen liebend gerne verzichten, wohl wissend, dass ich davon vermutlich noch meilenweit entfernt bin. Dennoch gilt auch hier. Der Weg ist das Ziel!

Wenigstens die permanente Jagd nach dem materiellen Glück konnte ich mit dieser anderen Sicht der Dinge „zum Glück" bereits hinter mir lassen. Mich drängt es „zum Glück" nicht danach, mehr Geld zu besitzen oder mehr Reichtümer anzuhäufen als mein Nachbar, um wenigstens kurzfristig so et-

was wie vermeintliche Glücksgefühle zu er-
leben, die letztlich nichts weiter als eine
Kompensation von eigenen Neid- und Miss-
gunstgefühlen sind. Ich gönne dem Nachbarn den dickeren Geldbeutel, das schönere
Haus, das schickere Auto oder seine beruflichen und privaten Erfolge ohne Gefühle von
Neid oder Missgunst, und das ist alleine
schon, glauben Sie mir bitte, ein glücksbringendes Gefühl.

Ich weiß „zum Glück" auch, dass Gott
nicht für Not und Elend auf diesem Planeten
verantwortlich zu machen ist und warum er
es nicht verhindert. Not und Elend sind
Menschenwerk und basieren auf dem freien
Willen, der ausnahmslos jedem von uns in
die Wiege gelegt wurde, ebenso wie das Gewissen als Schutzvorrichtung vor unredli-
chem Handeln, das viele von uns jedoch
meisterhaft zu unterdrücken vermögen.

Ich weiß auch, dass ein göttlicher Eingriff
in unsere (Un)Taten dem gottgegebenen frei-
en Willen widersprechen würde. Ich bin zu-
tiefst davon überzeugt, dass unser quälen-
des Gewissen, das uns durchaus nicht immer unmittelbar bewusst ist oder das wir
meisterhaft zu verdrängen wissen, für zahl-
reiche physische und psychische Erkrankungen letztlich Ursache und Auslöser ist.

Für alle Regel- und Gesetzesverstöße muss man in seinem Leben zahlen oder sühnen, vorausgesetzt, man wird dabei erwischt, sollte ich der Vollständigkeit halber noch anfügen. Doch nicht jeder Täter wird entlarvt und landet vor einem irdischen Gericht. Und darauf setzen bekanntlich Kriminelle. Ob das auch für ein überirdisches geistiges Gericht gilt, sofern es eines geben sollte? Eine Antwort darauf muss sich jeder selbst geben.

TIPPS, RATSCHLÄGE UND EMPFEHLUNGEN ZUM AUSKLANG

Ich möchte zum Abschluss noch einmal in kompakter Form die wesentlichen Aspekte auf der Suche nach dem wahren Glück stichwortartig für Sie auflisten:

- Auch für Ihren Lebensweg gilt: Der Weg ist das Ziel!

- Geben Sie Ihrem Leben, sofern nicht bereits geschehen, einen ethisch-moralisch begründeten Sinn und verlieren Sie dieses Ziel nie aus den Augen.

- Orientieren Sie sich auf der Suche nach dem Sinn des Lebens an Ihren Neigungen, Fähigkeiten und Wünschen, soweit sie im Einklang mit den vorgenannten Grundsätzen stehen.

- Folgen Sie in Ihrem Leben bei allem, was Sie tun oder lassen, stets Ihrem Gewissen, denn das weiß es auf jeden Fall besser als Ihr Ego, das Sie immer wieder zu Abwegen verleiten möchte. Es heißt nicht umsonst: Ein gutes Gewissen ist ein sanftes Ruhekissen!

- Bleiben Sie stets redlich und fair, auch wenn Sie das bei anderen schmerzlich vermissen sollten. Die anderen sollten dennoch nicht Ihr Maßstab sein.

- Auch auf dem Weg ins wahre Glück ist die Politik der kleinen Schritte gefragt und weitaus Erfolg versprechender als der sicherlich ehrenvolle, aber eher unrealistische Wunsch, als Wohltäter der Menschheit in die Geschichte einzugehen. Jede freundliche Geste anderen gegenüber, jede kleine Hilfeleistung, jedes sinnvolle und zweckmäßige und liebevolle Engagement für Menschen, Tiere und unsere Umwelt zählt.

- Besinnen Sie sich bei Krankheiten auf Ihre Selbstheilungskräfte.

- Werten Sie körperliche Krankheiten als mögliche Warnsignale für seelische und geistige Defizite und versuchen Sie diese zu ergründen. Eine dauerhafte Gesundheit erreichen Sie nur, wenn auch Ihr Geist und Ihre Seele im Reinen sind.

Verlieren Sie diese Grundsätze im eigenen Interesse bitte nie aus den Augen.

Dass keiner von uns etwas Materielles „mit hinübernehmen kann", wenn er sein Endziel im Leben erreicht hat, ist eine Binsenweisheit. Was aber nach meiner festen Überzeugung auch darüber hinaus bleibt und zählt, ist ein immaterielles Guthaben im vorgenannten Sinn. Und denjenigen, die es dennoch nicht glauben oder wahrhaben wollen, sei gesagt, probieren Sie es doch einfach aus, denn es ist nicht im Geringsten mit einem Risiko für Sie verbunden.

Nach meinen Lebenserfahrungen haben sich alle Entscheidungen, die ich getroffen habe, immer dann als Fehlentscheidungen erwiesen, wenn ich sie gegen mein Bauchgefühl, gegen meine innere Stimme oder gegen mein Gewissen getroffen habe, obwohl materielle Aspekte ausnahmslos für diese Entscheidung sprachen. Daher möchte ich Ihnen nahe legen, bei allen wesentlichen oder lebenswichtigen Entscheidungen, sowohl in privaten als auch in beruflichen Bereichen, auf keinen Fall die immateriellen Aspekte außer Acht zu lassen. Mit anderen Worten: Bitte bei jeder wichtigen Entscheidung im Leben nicht ausschließlich auf Fragen beschränken, ob und was es Ihnen an materiellen Vorteilen einbringt, wenn Sie sich für oder gegen etwas entscheiden. Weitaus wichtiger noch sind Fragen unter Berücksichtigung immaterieller Aspekte, wie etwa:

- Löst die Entscheidung ein gutes (Bauch)Gefühl bei mir aus?

- Ist gewährleistet, dass ich damit niemand auf unfaire oder unredliche Art und Weise benachteilige oder verletze?

- Ist auch gewährleistet, dass ich damit niemand einen Schaden zufüge?

- Ist davon auszugehen, dass mit dieser Entscheidung für mich und meine Familie auch mittel- bis langfristig keine negativen Auswirkungen verbunden sein können?

- Kann ich diese Entscheidung in jeder Beziehung guten Gewissens treffen?

Falls Sie auch nur eine dieser Fragen mit NEIN beantworten sollten, möchte ich Ihnen dringend empfehlen, Ihre Entscheidung noch einmal in aller Ruhe unter Berücksichtigung gegebenenfalls weiterer Aspekte zu überdenken. Bedenken Sie dabei bitte, dass unser Ego uns immer wieder zu rücksichtslosen Handlungen ausschließlich zu unserem persönlichen und materiellen Vorteil zu verleiten versucht, dass wir uns damit allerdings über kurz oder lang schwer wiegende physische oder psychische Probleme einhandeln werden. Vordergründig gaukelt uns das Ego zwar Fürsorge vor, erweist sich letztlich aber tatsächlich als unser größter Feind!

Beherzigen Sie daher im eigenen Interesse bitte bei allem, was Sie in Ihrem Leben tun oder lassen die goldene Regel, die da lautet: „Was du nicht willst, was man dir tu´, das füg auch keinem andern zu!", denn sie ist der Wegweiser und Schlüssel zum wahren Glück.

In diesem Sinne wünsche ich Ihnen viel Glück auf Ihrem weiteren Lebensweg. Und auf diesen Lebensweg möchte ich Ihnen gerne noch eine Botschaft mitgeben, an deren Wahrheitsgehalt ich jedenfalls nicht den geringsten Zweifel habe. Sie lautet: „Hinter dem Horizont geht´s weiter!"

Glauben ist nicht doof
Denkanstöße für ein erfülltes Leben
im Einklang mit sich selbst
Verlag Books on Demand GmbH

Zunehmend mehr Menschen wenden sich enttäuscht von den klassischen Religionen ab, weil sie auf elementare Fragen nach dem Sinn des Lebens und was passiert, wenn wir sterben, nur unbefriedigende und teilweise widersprüchliche Antworten liefern. Das Interesse an alternativen Religionen, an spirituellen Bewegungen und Phänomenen wie Nahtoderfahrungen steigt dagegen kontinuierlich. In diesem Buch werden wichtige Denkanstöße und plausible Erklärungen für eine Reihe von Fragen zu dieser komplexen Thematik vermittelt.

Geh den Weg zu Ende

Verlag CreateSpace Independent

Publishing Platform

Ein Mann lässt bei einem Spaziergang in trister Novemberatmosphäre sein bisheriges Leben Revue passieren, dem er aufgrund von vielfältigen Problemen und Belastungen nur wenig abgewinnen kann. Dabei wird er von einem Auto erfasst und findet sich plötzlich im Jenseits wieder. Seine phantastischen Erlebnisse in einer völlig anderen Dimension lassen ihn sein Schicksal daraufhin in einem anderen Licht erscheinen.

Jenseits in Eden

Verlag Books on Demand GmbH

Ein Mann hat seinen gut bezahlten Job aufgrund von Alkohol- und Geldproblemen verloren. Zudem steht ihm ein Prozess wegen Korruption bevor, der seine berufliche Zukunft endgültig zu zerstören droht. Die Schuld an dieser tragischen Entwicklung gibt er seiner Frau, die ihn mit anderen Männern betrogen hat. Er beschließt, sich an ihr zu rächen und lauert ihr mit einem Wagen auf, um sie zu überfahren. Doch in letzter Sekunde reißt er das Steuer des Wagens herum, worauf dieser sich überschlägt und eine steile Böschung hinabstürzt. Was danach passiert, lässt sich mit Worten kaum beschreiben.

In Trümmern versunken
Verlag Books on Demand GmbH

Eine endlose Kette von gewaltigen Naturka-
tastrophen rund um den Erdball reißt hun-
derte Millionen Menschen in den Tod. Das
weltweite Ausmaß der verheerenden Schäden erfordert globale Rettungs- und Wieder-
aufbaumaßnahmen und damit den Einsatz
einer länderübergreifenden Notregierung.
Arthur Malbourg, ein sehr einfluss- und er-
folgreicher Wirtschaftsmanager, ergreift
kurz entschlossen die Initiative und setzt
sich mit einer Schar Gleichgesinnter an deren Spitze. Sein entschlossenes und fürsorg-
liches Handeln zum Wohl der notleidenden
Bevölkerung trägt schon bald Früchte. Sein
Ansehen wächst von Tag zu Tag und er wird

als Heilsbringer und Retter der Menschheit gefeiert. Doch Malbourg lässt keine Gelegenheit aus, Gott für die weltweiten Katastrophen verantwortlich zu machen und die Menschen von ihrem Glauben an ihn abzubringen. Alle Gläubigen werden in zunehmendem Maße bedroht und müssen um ihr Leben fürchten. Immer mehr von ihnen fallen einer gezielten Verfolgung und barbarischen Grausamkeiten zum Opfer. Nur wenige werden auf unerklärliche Weise in letzter Sekunde vor dem sichern Tod gerettet und finden sich plötzlich an einem geheimnisvollen Ort wieder.

Josefs Hütte

Verlag Books on Demand GmbH

zum kostenlosen Download auf allen Buchportalen im Internet

Maria Behrmann, Leiterin der Forschungs- und Entwicklungsabteilung eines großen Unternehmens, gerät eines Tages in einem Park mit einem fremden Mann in Streit und ergreift, von seinem Benehmen völlig entnervt, schließlich die Flucht vor ihm. Doch am nächsten Abend steht der Fremde plötzlich vor ihrer Wohnungstür. Eine Begegnung, die ihr bisheriges Leben völlig verändern wird.